対訳でたのしむ

# 三輪《みわ》

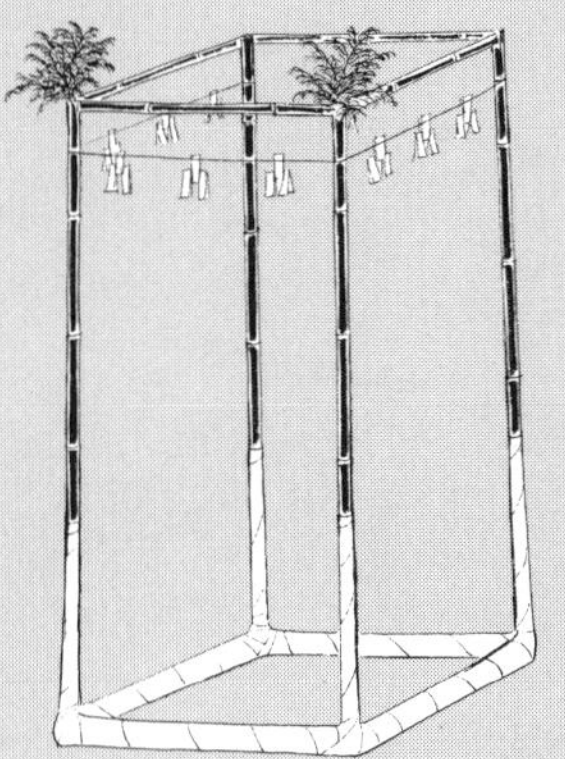



檜書店

# 目次



舞台図（松野奏風筆）、及び下段の詞章（能の台詞）は観世流謡本によった。

# 三輪（みわ）

竹本幹夫

## 〈三輪〉（みわ）

大和国《やまとのくに》（現在の奈良県）三輪山のほとりに庵《いおり》を結ぶ、僧玄賓《げんぴん》（ワキ）のもとに、日ごと仏前の樒《しきみ》と水とを供える女（前シテ）は、玄賓に乞い衣をたまわり、住み処《か》を問われて三輪山麓の杉立てる門と答え、姿を消す（中入）。ところが三輪明神参詣の里人（アイ）が三輪の神杉に玄賓の衣が掛かっているのを見つけ、玄賓にそれを知らせる。玄賓が三輪の神杉の下に赴くと、枝に掛かった衣の褄《つま》に金文字で和歌が記されており、それを詠じるや、女体の三輪明神（後シテ）が烏帽子《えぼし》狩衣《かりぎぬ》姿で影向《ようごう》し、三輪山伝説を語り舞い、天照大神の岩戸隠れの古事を模し神楽《かぐら》を舞って、大神が岩戸から再び姿を現した奇瑞を語る。そして二神の深秘を見せたのは伊勢・三輪が一体分身の神だからだと明かし、玄賓も神託のありがたさに名残を惜しむが、夜明けと共に夢から覚める。

《この能の魅力》

〈三輪〉は女神が登場しながら、御代の祝福ではなく神道の深秘や奇瑞を見せる能で、類似の神体には、〈龍田〉や〈葛城〉の明神がある。〈三輪〉の神体はより人間的な印象ながら、後シテは当時の神道説を背景に、天照大神と一体分身の女神として描かれる。三輪明神は本来『古事記』崇神《すじん》天皇の条に見えるように、男神大物主なのだが、能では男装の女体で登場し、一曲は三輪山の神婚説話から、さらには天岩戸《あまのいわと》の神神楽《かみかぐら》の神話世界へと、ダイナミックな展開を見せる。

本曲のワキ玄賓《げんぴん》は、弘仁九年（八一八）八〇余歳没、晩年三輪の地に隠棲したと伝える。名利を嫌った遁世《とんせい》の僧として数々の逸話を残す。

金春禅竹《こんぱるぜんちく》『明宿集《めいしゅくしゅう》』には「玄賓僧都ノイニシエ、三輪ノ明神、受法受衣シマシマシテ、御神詠ニ、三輪川ノ清クモ浄キ唐衣呉ル、ト思フナ取ルト思ワジ」とある。本曲では明神の化身が夜寒の故に衣を乞うのだが、同様に受衣を願う設定の世阿弥自筆能本〈松浦《まつら》〉と比べると、シテは受法の望みを明言しているわけではなく、作品の構想も異なるので、〈三輪〉が世阿弥作かどうかは判らない。また〈三輪〉の成立は『明宿集』以前の可能性があるものの、右の引用歌が能に引く歌と一部相違するので、〈三輪〉を禅竹作と考えるべきかどうかも微妙である。

なお、神明が託宣により名僧に受衣受法を望み、与えられた袈裟を後日法嗣の僧に付与し、または別の袈裟を師僧に呈し、それが以後寺宝となるという説話が南北朝期から室町時代中期にかけて禅宗僧徒らの間で語られ、その袈裟が伝来する例が複数報告されており（大塚紀弘、勉誠出版、二〇一四『中世寺社の空間・テクスト・技芸』54頁以下）、本曲もそのような説話を背景としている可能性がある。

〈三輪〉は室町後期以来、神道の秘説を現す能として重視されるようになり、これに関連する室町後期の習事から、江戸期には数多くの小書《こがき》（特殊演出）を生んだ。

**【作者】** 寛正六年（一四六五）将軍院参猿楽での観世所演が文献上の初出。作者不明。

**【題材】** 三輪明神神婚説話は『俊頼《としより》髄脳《ずいのう》』に、「三つの輪は」の和歌は金春禅竹の『六輪一露《ろくりんいちろ》秘注《ひちゅう》』に引く形が最も能に近い。伊勢・三輪一体分身説は『三輪大明神縁起』等にある。神明受衣受法説話は『菅神入宋授《かんしんにっそうじゅ》衣記《えき》』、「興国寺文書」〈法灯国師縁起〉等に見える。

**【場面】**
前場　三輪山山陰の玄賓の庵室《あんじつ》。
後場　神木の杉の前。

**【登場人物】**
前シテ　里女（面は深井、または増《ぞう》・十寸《ます》髪《かみ》。他流は曲見《しゃくみ》が通例で小面《こおもて》を用いることもある）。
後シテ　三輪明神（面は十寸髪または増。他流は増や小面を用いる）。
ワキ　玄賓
アイ　里人

1

玄賓《げんぴん》の登場　まず後見《こうけん》が、幣《へい》を付け引き回しを掛けた杉小屋（杉宮）の作り物を大小前《だいしょうまえ》に据える。〔名ノリ笛〕で着流し僧出立の玄賓（ワキ）が静かに登場し、［名ノリ］を述べ、脇座《わきざ》にすわる。この［名ノリ］は宝生流《ほうしょう》では「今日も来たりて候はば」の一句がなく、また下掛《しもがか》り諸流と下掛り宝生流は、ほぼ一致して「……玄賓にて候、ここにいづくとも知らぬ女性、毎日樒閼伽《あか》の水を持ちて来たり候、今日も来たりて候はば、すみかを尋ねばやと思ひ候」となる。

〔名ノリ笛〕

〔名ノリ笛〕　笛の独奏による物静かな登場楽。

［名ノリ］

ワキ〽これは和州《ワシウ》三輪《ミワ》の山陰《ヤマカゲ》に住居《スマイ》する、玄賓《ゲンピン》と申す沙《シャ》門《モン》にて候《ソオロウ》、さてもこの程何《イ》処《ヅク》ともなく女性《ニョショオ》一人《イチニン》、毎《マイ》日《ニチ》樒《シキミ》閼伽《アカ》の水《ミヅ》を汲《ク》みて来《キタ》

**玄賓**　私は大和国三輪山の近くに庵を結ぶ玄賓と申す僧です。さて、この間からどこの誰とも知れぬ婦人が一人、毎日仏前に供える樒を摘《つ》み閼伽の水を汲んでやって来ます。今日も来たならば、どういうお人かと、名を尋ねようと思います。

## 2

里女の登場　〔次第〕の囃子で着流し姿の里女（前シテ）が、手に木の葉（樒。または水桶）を持ち、静かに登場して、常座《じょうざ》に立つ。囃子方の後方に向き〔次第〕の謡を謡い、正面に向き〔（名ノリザシ）〕を謡う。

この小段も下掛り諸流との本文異同が多少あり、「檜原（ヒバラ）」が「ヒワラ」（金剛のみ）、「女にて候」が「……サムロオ」、「水を汲みて」が「水を持ちて」、「参らせ候」が「参り候」（宝生も）となり、また小段末に「いかにこの内へ案内申し候」が入る。

〔次第〕　大鼓・小鼓と笛のアシライによる不定拍の静かな登場楽。

**里女**　山全体がご神体の三輪山の麓には木々が生い茂り道も見えない。三輪山の麓には仏道に至るよすがもないので、道を変えて玄賓僧都のお住ま

り候、今日《キョオ》も来りて候《ソオラワ》は ば、如何《イカ》なる者ぞと名を尋《タヅ》ねばやと思ひ《イ》候

〔次第〕

〔次第〕

シテへ三輪の山もと道《ミチ》もなし、三輪の山もと道もなし、檜《ヒ》原《バラ》の奥《オク》を尋ねん。

いの檜原谷の奥をお訪ねしよう。

**里女**　まことに老いや若さに関わらず無常はこの世の習わしながら、私のような者がなまじいにこの世に生き長らえて、一体幾星霜《せいそう》を送ったろうか。浅ましくも仏道に励むこともなく、いとわしい俗世の年月を眺めつつ、この三輪の里に住まいする女でございます。またこの三輪の山陰に玄賓僧都とおっしゃる尊いお方がいらっしゃいますので、いつも仏前にお供えする樒とお水を汲んで、差し上げております。今日もまた伺おうと存じます。

3

玄賓・里女の応対　玄賓（ワキ）が孤独をかこっているところに、里女（シテ）が案内を乞い、ワキと応対の後、「柴の編戸を」と、庵室に入る様子で、シテは正中《しょうなか》に座り、ワキに向かい合掌、［上ゲ歌］で景色を眺め地中の下樋の水音に聞き入る。下掛り諸流は、シテ・ワキの［問答］が「この内

［（名ノリザシ）］
シテへげにや老少《ロオショオ》不定《フヂョオ》とて、世のなかなかに身は残《ノコ》り、幾春秋《イクハルアキ》をか送《オク》りけん、浅《アサ》ましや為《ナ》す事なくて徒《イタヅ》らに、憂《ウ》き年月《トシツキ》を三輪の里《サト》に、住《スマ》居《イ》する女《ヲンナ》にて候。又この山陰《ヤマカゲ》に玄賓僧都《ゲンピンソオヅ》とて、尊《タット》き人の御入《オンニ》り候程に、いつも樒《シキミ》閼伽《アカ》の水を汲みて参らせ候、今日《キョオ》も亦《マタ》参らばやと思ひ《イ》候

へ案内申し候」「……又いつも樒閼伽の水を持ちて……」となり、[上ゲ歌]の末句「淋（サミ）しき」が「寂（サビ）しき」となる。なお「老生と静かなる」は、語義不明ながら、文選《もんぜん》読みの文体で、「静かなる」と同意と見て本文のように訳した。

**玄賓**　山頂には夜になると明るい円月がかかり、山腹の洞穴からは朝一片の白雲が湧き出でる。そんな山奥の田の番をする案山子《かかし》に似て、僧都の身の孤独さよ。秋も終わると、世間から忘れられて、訪ねる人もない。

**里女**　もうし、この庵の中のお方にお伺い申し上げます。

**玄賓**　案内を乞おうとは、いつも来るお人か。

**里女**　夕日で延びた山影は、推し返せぬほどに門内深く差し込んで来ます。

**玄賓**　夜には月光があたり一面を耀かして、雲が遮っ

[(掛ケ合)]

ワキへ山頭《サントオ》には夜孤輪《ヨルコリン》の月を戴《イタダ》き、洞口《トオコオ》には朝一片《アシタイッペン》の雲を吐《ハ》く、山田守《ヤマダモ》るそほづの身こそ悲しけれ、秋果《ハ》てぬれば、訪《トオ》ふ人もなし

[問答]

シテへいかにこの庵室《アンジツ》の内へ《エ》案内《アンナイ》申し候《ソオラワ》はん

ワキへ案内申さんとはいつも来《キタ》れる人か

シテへ山影門《サンエイモン》に入《イ》つて推《オ》せども出でず

ワキへ月光地《ゲックヲオチ》に鋪《シ》いて掃《ハラ》へ《エ》ども還生《マタショオ》ず

てもまた光を生じるのだ。

**里女 玄賓** 小鳥の声ばかりが止むことなく、まことに静かな山の庵。

**地** 柴を編んだ庵の扉を推し開いて、こんなふうに切り枝の樒を手に、訪ねて参りました。私の罪をお救い下さい。

**地** 秋も深まり冷え込んだ庵の内、晩秋の庵室の内は冷え冷えとして、軒端の松を吹く風は時雨のような音を立て、降りかかる木の葉が庭の面に散り敷いている。庵室に通じる門は八重葎に閉じ塞がれているのだろうか。地中に埋め込んだ埋《うず》み樋《ひ》を流れる水の音が苔の間から聞こえるばかりの、この山居の寂しさよ。

4

里女の中入《なかいり》　里女（シテ）は玄賓（ワキ）に衣を乞い、与えられると両手で頂き、暇乞いして常座

シテ ワキ 〽鳥声《チョオセイ》とこしなへ《エ》にして老生《ロオセイ》と静《シヅ》かなる山居《サンキョ》

［歌］

地 〽柴《シバ》の編戸《アミド》を推《オ》し開《ヒラ》き、かくしも尋ね切樒《キリシキミ》、罪《ツミ》を済《タス》けて賜《タ》び給へ《エ》。

［上ゲ歌］

地 〽秋寒《サム》き窓《マド》のうち、秋寒き窓の内、軒《ノキ》の松風《マツカゼ》うちしぐれ、木《コ》の葉《ハ》かき敷《シ》く庭《ニワ》の面《オモ》、門《カド》は葎《ムグラ》や閉《ト》ぢつらん。下樋《シタヒ》の水音《ミヅオト》も、苔《コケ》に聞《キコ》えて静かなる、この山住《ヤマズミ》ぞ淋《サミ》しき。

に向かう。そこでワキに呼び止められ、正面に振り返ってワキに住処を教え、再び右に回り、姿を消した様子で作り物に中入する。後見が衣を引き回しの正面に掛ける。

下掛り諸流は「上人」が「僧都」になり、シテのセリフの第一句の次に玄賓のセリフ「何事にて候ぞ」が入る。シテのセリフの第二句「秋も夜寒に……」の一句がなく（金春・喜多）、次の「御衣を」の前に、宝生も含む諸流は「わらはに」が入る。「一重（ヒトエ）」は全流派が「イチエ」、次のワキセリフの冒頭に「何と衣の所望と候ふや」（金春・金剛）が入り、「参らせ候」と「べし」がなく（下掛り諸流）、以下も小異が続く。ワキセリフ「暫《しばら》く」の次に、喜多は「候」が入り、さらに「このほど毎日｜（春以外ナシ）樒閼伽の水を持ちて来たり給ふおん｜（喜ナシ）志、返す返すも｜（喜ナシ）有難う候」と続く。下掛りは「住む人ぞ」が「住み給ふぞ」、次に「住みかをおん明かし候へ」（宝生も含む全流派）が入る。そのほか下掛り諸流は「その上」は「しかも」、「訪ひ給ふべき」が「尋ね給ふべき」、「なほも不審に」の前に「さりながら」、地謡になり「門をしるしにて」

が「門をしるべにて」となるなど、観世流との間の小異が多い。

**里女** もうし、上人様にお願いがございます。秋も深まり夜寒になりましたので、御衣を一重ね、お授け下さい。

**玄賓** 何でもないこと、この衣を差し上げよう。

**里女** ああありがたく存じます。それでは御暇申し上げましょう。

**玄賓** ちょっとお待ちなさい。それにしてもあなたはどこにお住まいのお人か。

**里女** 私の住み家は三輪の里の、山麓近くの所です。その上、

わが庵は三輪の山本恋しくはとぶらひ来ませ杉立てる門（『古今和歌集』雑下、読み人知らず）

（拙宅は三輪山の麓、恋しければお訪ねなさい杉の木立の門構えを）

［問答］

シテ〽いかに上人《ショオニン》に申すべき事の候、秋も夜寒《ヨサム》になり候《ソオラ》へ《エ》ば、御衣《オンコロモ》を一重《ヒトエ》賜《タマワ》はり候《ソオラ》へ《エ》

ワキ〽易《ヤス》き間《アイダ》の事この衣《コロモ》を参らせ候べし

シテ〽あらありがたや候《ゾオロウ》、さらば御暇《オンニトマ》申し候《ソオラワ》はん

ワキ〽暫《シバラ》く、さてさて御身《オンミ》は何《イ》処《ヅク》に住む人ぞ

シテ〽わらは《ワ》が住家《スミカ》は三輪の里、山もと近《チカ》き所《トコロ》なり、その上《ウエ》我が庵《イオ》は、三輪の山もと恋しくはとは詠《ヨ》みたれども、何《ナニ》しに我をば訪《ト》ひ《イ》給ふ《オ》べき、なほ《オ》も不審《フシン》に思《オボ》し召《メ》さば、訪《トムラ》ひ《イ》来《キ》ませ

と詠んだ歌はありますが、どうして私をお訪ねになれましょうか。それでも不審をなさるのであれば、どうぞお出でなさいませ、

**地**　杉の木立の門構えを目印に、という歌の通りにお訪ね下さいと言うやいなや、かき消すようにいなくなってしまった。

［歌］

地　〽杉立《タ》てる門《カド》をしるしにて、尋《タヅ》ね給へ《エ》と言《イ》ひ《イ》捨てて、かき消《ケ》す如《ゴト》くに失《ウ》せにけり。

【中入】

［□・問答］

5

里人の登場、シャベリと玄賓との応対　三輪明神参詣の里人（アイ）が三輪の神杉の枝に玄賓の衣が掛かっているのを見つけ、玄賓庵を訪れて、衣のことを知らせる。玄賓の答えに里人は衣を得た里女は三輪明神の化現であろうと述べ、三輪山訪問を勧めて狂言座《きょうげんざ》に退き、後に切戸口《きりどぐち》から退場する。

6

玄賓の道行《みちゆき》　玄賓（ワキ）は立ち上がり、三輪の

神杉の下へ赴く様子で、［上ゲ歌］の終わりに作り物に向かう。

宝生が「松は標もなかりけり」の一句を「松は常盤の色ぞかし」とする（下宝も）他は、異同はない。

**玄賓**　この草庵を出で立って、この草庵を出で立って、道を進めばほどもなく、三輪の里に近付いた。里近くのこのあたりなのだろうか。三輪山の山陰の、松の目印もないだけではなく、杉木立ばかりが立ち並んでいるけれど、どこを神域と目指せば良いのか。神社はどこにあるのだろう。

7

玄賓の待ち受け　玄賓（ワキ）は作り物に向かい、衣を見つけ、その褄《つま》に記された金文字の和歌を見つけて詠吟し、終わって脇座に戻り、正面に向かい立つ。

異文は「杉の二本」が下掛り諸流では「下枝」となるのみ。なお喜多・下掛り宝生は「衣の懸りた

［上ゲ歌］
ワキ〽この草庵《ソオアン》を《ノ》立ち出でて、
この草庵を《ノ》立ち出でて、行《ユ》
けば程《ホド》なく三輪の里、近き
辺《アタリ》か山陰《ヤマカゲ》の。
松は標《シルシ》もなかりけり、杉村《スギムラ》
ばかり立つなる、神垣《カミガキ》は何《イ》
処《ヅク》なるらん、神垣は何処な
るらん。

るぞや」に節がなく、セリフとなる。

**玄賓**　不思議なことよ。このふた本の杉を見ると、先ほどの婦人に与えた衣が懸かっているよ。近付いてみると衣の褄の所に、金色の文字が刻されている。よくみると歌になっている。

**玄賓**　三つの輪は清く浄きぞ唐衣くると思ふな取ると思はじ。

（三輪（施す者・受ける者・施物）はまことに清浄で汚れないものゆえに、あなたも私に施したとは思い給うな、私も受けたとは思いますまい）

8

三輪明神の登場　三輪明神（後シテ）は引き回しを掛けた作り物の中で、高らかに詠吟する。なお宝生・喜多は「チワヤブル」ではなく「チワヤフル」と澄んで謡う。

〔□〕

ワキ〽不思議やなこれなる杉の二本《フタモト》を見れば、ありつる女人《ニョニン》に与《エ》へつる衣《コロモ》の懸《カカ》りたるぞや、寄《ヨ》りて見れば衣《コロモ》の褄《ツマ》に金色《コンジキ》の文字《モジ》すは《ワ》れり、読みて見れば歌なり

〔下ノ詠〕

ワキ〽三《ミ》つの輪は、清《キヨ》く浄《キヨ》きぞ唐衣《カラコロモ》、くると思《オ》ふな、取《ト》ると思は《ワ》じ。

**三輪明神**　神にも衆生の済度のみならず自らの罪業救済の願いがあるから、仏道に導いてくれる善知識に巡り会うのは、まことにうれしいことなのだ。

[上ノ詠]
シテ〽ちは《ワ》やぶる、神《カミ》も願《ネガ》ひ《イ》のある故《ユヱ》に、人の値遇《チグウ》に、あふ《オ》ぞ嬉《ウレ》しき。

9

玄賓と三輪明神の応対　ワキは立ったまま、シテは作り物の中で、互いに［掛ケ合］となり、［上ゲ歌］の終わりにシテは作り物の後ろから出て常座に立つ。ワキはシテの姿に両手をついて礼拝する。下掛り諸流では、冒頭のワキ謡、「不思議やな」がなく「杉の木蔭」が「杉の二本」、「願はくは」が「同じくは」、「願ひを叶へ」が「迷ひを照らし」、「御姿をまみえ」が「御姿を拝まれ」となる。

**玄賓**　不思議や、この杉の木蔭から、ありがたい御神託の御声が聞こえるよ。どうか末法の世に生きる哀れな我らの願いを叶えて、尊いお姿をお見せ下さいませと深く祈念すれば、感動の余りに、随喜の涙が墨染めの衣の袖を濡らすばかり。

[掛ケ合]
ワキ〽不思議やなこれなる杉の木蔭《コカゲ》より、妙《タエ》なる御声《ミコヱ》の聞《キコ》えさせ給ふ《オ》ぞや、願は《ワ》くは末世《マッセ》の衆生《シュジョオ》の願ひ《イ》を叶《カナ》へ《エ》、御姿《オンスガタ》をまみえおは《ワ》しませと、念願《ネングワン》深き感涙《カンルヰ》に、墨《スミ》の衣《コロモ》を濡《ヌラ》すぞや

**三輪明神**　恥ずかしながら我が姿を、上人にお見せ申そう。我が罪障をお晴らし下され。

**玄賓**　いや罪障というのは人間世界にあるはずのもの。明神が罪障とあえておっしゃるのは、霊妙なる神明の、

**三輪明神**　生きとし生けるものすべてを救おうとの悲願ゆえの方便なのだが、

**玄賓**　そのために仮にこの迷妄に満ちた、

**三輪明神**　人間世界の塵に交わらねばならぬわけで、そんな俗世の人間の迷いの心で見れば、

**地**　女姿にしか見えない三輪の神、男神なのに女姿で影向された三輪の神は、女神ならば着けるだろう襅や掛け帯とはうって変わって、ただ神職の着用とされる烏帽子狩衣を女神のおん服の上にまとわれ、お姿をはっきりと御現しになったのは、まことに恐れ多いおん事。

シテ〽恥《ハヅ》かしながら我が姿、上《ショオ》人《ニン》にまみえ申すべし、罪《ツミ》を済《タス》けて賜《タ》び給へ《エ》

ワキ〽いや罪科《ツミトガ》は人間にあり、これは妙《タエ》なる神道《シントオ》の

シテ〽衆生済度《シュジョオサイド》の方便《ホオベン》なるを

ワキ〽暫《シバ》し迷《マヨ》ひ《イ》の

シテ〽人心《ヒトゴコロ》や

［上ゲ歌］

地　〽女姿《ヲンナスガタ》と三輪の神《カミ》、女姿と三輪の神、襅掛帯《チワヤカケオビ》引きかへ《エ》て、ただ祝子《ホオリコ》が著《チャク》すなる、烏帽子狩衣《エボシカリギヌ》、裳裾《モスソ》の上《ウエ》に掛《カ》け、御影《ミカゲ》あらたに見え給ふ《オ》、かたじけなの御《オン》事や。

10

三輪明神の語り舞　後見は作り物の引き回しを下ろす。シテは作リ物より出て舞台の真ん中に立ち、［クセ］の謡の第四句目の終わり頃より舞い出し、以下、定型の所作で舞う。

金春・喜多両流では、［クリ］の前半はシテ謡となり、「済度方便の」から地謡となる。

**地**　そもそも神話というものは、後代の人々にとり、罪業を救う方便となる言葉なのであり、数々の物語はすべて世の人のためにあるのだ。

**三輪明神**　とりわけこの日本国は、人々の尊崇によって神の威光もいよいよ増すという国柄なのだ。

**地**　慈悲心から姿を変えて俗世の汚れに染まり、一時的に世俗に身をやつされるのだが、その一例を挙げれば、大和の国に長年連れ添った夫婦がいた。八千歳を保つ名の玉椿にかけて永久《とわ》に続

［クリ］

地　〽それ神代《カミヨ》の昔物語は末《マッ》代《ダイ》の衆生《シュジョオ》のため、済度《サイド》方便《ホオベン》の事業《コトワザ》、しなじな以って世《ヨ》のためなり。

［サシ］

シテ〽中《ナカ》にもこの敷島《シキシマ》は、人敬《ウヤマ》って神力《シンリキマ》増す、

地　〽五濁《ゴヂョク》の塵《チリ》に交《マジワ》はり、暫《シバ》し心は足引《アシビキ》の、大和《ヤマト》の国に年《トシ》久しき夫婦《フウフ》の者あり、八千《ヤチ》代《ヨ》をこめし玉椿《タマツバキ》、変《カワ》らぬ色《イロ》

く愛を誓い、将来も変わらぬことを信じていた。

**地**　しかしながらこの男は、夜には訪ねてくるのだが昼間には姿を見せることがなかった。ある夜の睦言に妻が言うには、あなたは一体どういうわけで、こんなに長の年月を共に過ごしながら、昼間を嫌って、夜でなくてはお出で下さらないの。私たちの間でこれだけはまったく理解できません。

どうせなら昼も夜もずっと一緒にいられるようになさって下さいと言うと、夫が答えて言うには、実はわが姿は恥ずかしくて人には見せられないのだ。いつも一緒にいたらそこから世間に洩れて知られてしまおう。今夜限りで二度と通ってくるまい。二人の間も今宵限りだと、しみじみと語るので、さすがに別れの悲しさに、夫が帰っていく先を知ろうとして、麻糸の糸巻きに針を付けて、夫の裳裾にこれを縫い付けて、後を付けて追っていった。

**三輪明神**　まだ長く残っているこの糸巻きの糸のように

を頼《タノ》みけるに。

［クセ］

地　〽されどもこの人、夜《ヨル》は来《ク》れども昼《ヒル》見えず、ある夜《ヨ》の睦言《ムツゴト》に、御《オン》身如何《イカ》なる故《ユヱ》により、かく年月《トシツキ》を送《オク》る身の、昼《ヒル》をば何《ナニ》と烏羽玉《ンバタマ》の、夜《ヨル》ならで通ひ《カヨイ》給は《ワ》ぬは、いと不審多《フシンノオ》き事なり。ただ同《オナ》じくは永久《トコシナエ》に、契《チギ》りをこむべしとありしかば、かの人答へ《コタエ》言ふ《イウ》やう《ヨオ》、げにも姿は羽束師《ハヅカシ》の、洩《モ》りて外《ヨソ》にや知られなん、今より後《ノチ》は通ふ《カヨオ》まじ、契《チギ》りも今宵《コヨイ》ばかりなりと、懇《ネンゴロ》に語れば、さすが別《ワカ》れの悲しさに、帰る所を知らんとて、苧環《ヲダマキ》に針《ハリ》をつけ、裳裾《モスソ》にこれを綴《ト》ぢつけて、跡を控《ヒカエ》へて慕ひ《シタイ》行《ユ》く。

シテ〽まだ青柳《アヲヤギ》の糸長く、

**地**　いつまでも末永い契りを結ぶ願いはもはやかなわないのかと、夫の裾に付けた糸をたどりながら進んでいくと、この三輪山の麓の神域の杉の下枝に針は止まっていた。これは一体どうしたことか、愛を誓った男の真の姿がこれかと驚き呆れたが、手元にはその目印の糸が三巻き分残っていたので、三輪のしるしの杉の名となったが、この遠い過去の物語を語るに付けても恥ずかしい。

地　＼結ぶや早玉《ハヤタマ》の、おのが力《チカラ》にささがにの、糸繰《ク》り返《カエ》し行《ユ》く程《ホド》に、この山もとの神《カミ》垣《ガキ》や、杉の下枝《シタエ》に止《トマ》りたり、こはそも浅ましや、契《チギ》りし人の姿か、その糸の三《ミ》わげ残りしより、三輪のしるしの過ぎし世を、語るにつけて恥かしや。

11

三輪明神の舞――岩戸の神楽　三輪明神（後シテ）は神楽を舞って玄賓を慰めようと、扇を幣に持ち変え、作り物に向かい、幣を振り、太鼓が加わって〔神楽〕となる。
下掛り諸流では、地謡第一句の「御相好」が「物語」に、シテ謡冒頭の「とても」が「さらば」になる。

**地**　まことに尊くありがたい御姿で、お話を承るにつけても、神道と一如の仏道への信仰心がいよ

[ロンギ]

地　＼げにありがたき御相好《ゴソオゴオ》、聞くにつけても法《ノリ》の道、な

いよまさることよ。

**三輪明神** 同じことなら神代の物語を、さらに詳しく説き明かして、かの上人をお慰め申そう。

**地** まずは岩戸神楽の起源について述べると、お隠れになった天照大神を岩戸から誘い出そうと、八百万の神達が神遊びを行ったが、これこそが神楽の起源なのだ。

**三輪明神** ちわやぶる

〔神楽〕 五段からなる小鼓・大鼓・太鼓と笛によるリズミカルな舞事で、前半は神楽の序に始まり、神楽独自の譜を演奏するが、後半二節または三節分は、段の途中から神舞に直り、シテもそれまで持っていた幣を再び扇に持ち変える。

12

三輪明神の物語――「面白」の語源 三輪明神〔後

ほし《オ》も頼《タノ》む心かな、

シテ〽とても神代《カミヨ》の物語、委《クワ》しくいざや顕《アラワ》し、かの上人《ショオニンノ》を慰《ナグサ》めん、

地〽まづは岩戸《イワト》のその始《ハジ》め、隠《カク》れし神《カミ》を出《イダ》さんとて、八《ヤ》百萬《オヨロヅ》の神遊《カミアソビ》、これぞ神楽《カグラ》の始めなる。

〔詠〕

シテ〽ちは《ワ》やぶる。

〔神楽〕

シテ）は、作り物を天岩戸に見立て、謡に合わせて所作を見せる。
ここは諸流異同がない。

**三輪明神**　天岩戸を閉め切って、

**地**　神は姿を隠してしまわれたので、世界はもはや真っ暗闇となってしまった。

**三輪明神**　八百万の神達は、岩戸の前で常闇の世を嘆き、神楽を演奏して舞われたところ、

**地**　天照大神はその時に、岩戸を少し開かれたので、

**地**　また雲が晴れるように晴れ渡り、太陽も月も光り輝いたので、人々の顔の面《おもて》も白々と耀いて見えた、そのことを、

**三輪明神**　面白《おもしろ》やとおっしゃった、大神の御声のすばらしさ。

［（クリ）］
シテ〽天《アマ》の岩戸《イワト》を引《ヒ》き立《タ》てて、
地〽神《カミ》は跡《アト》なく入《イ》り給へ《エ》ば、常闇《トコヤミ》の世とはやなりぬ。
［□］
シテ〽八百萬《ヤオヨロヅ》の神達《カミタチ》、岩戸の前にてこれを歎《ナゲ》き、神楽《カグラ》を奏《ソオ》して舞ひ《イ》給へ《エ》ば
［ノリ地］
地〽天照大神《テンショオダイジン》、その時に岩戸を、少し開き給へ《エ》ば
［□］
地〽また常闇《トコヤミ》の雲晴《ハ》れて、日《ジツ》月《ゲツ》光《ヒカ》り輝《カカヤ》けば、人の面《オモテ》しろじろと見ゆる。
［ノリ地］
シテ〽おもしろ《ロオ》やと、神《カミ》の御声《ミコエ》の、

**地** それが神楽の起源についての妙なる物語なのだ。

地 〽妙《タエ》なる始めの、物がたり。

13

結末　三輪明神（後シテ）は謡に合わせて舞い、最後に常座で留める。

下掛り諸流では、冒頭句「思へば伊勢と三輪の神」がシテ謡、以下地謡となる。

**地** 思えば伊勢の天照大神と三輪明神とは、思えば伊勢の神と三輪の神とは、本来同体で異名のご神格なのだ。今こと更に言うまでもないこと。天の岩戸が閉じられて再び開けたように夜も明け、かようにありがたい夢のお告げが、夜明けと共に醒めてしまうのは、いかにも名残惜しい。目覚めた後のご神託の名残惜しさよ。

［歌］

地 〽思へ《エ》ば伊勢《イセ》と三輪の神《カミ》、一《イッ》体分神《タイフンジン》の御《オン》事、今更何《イマサラナニ》と磐《イワ》座《クラ》や、その関《セキ》の戸《ト》の夜《ヨ》も明け、かくありがたき夢《ユメ》の告《ツゲ》、覚《サ》むるや名残《ナゴリ》なるらん、覚むるや名残なるらん。

# 〈三輪〉の舞台

観世流シテ方・河村　晴久

囃子方《はやしかた》地謡《じうたい》が座付くと、後見《こうけん》が杉小屋の作《つく》り物《もの》（大道具）を舞台に置く。緞帳《どんちょう》のない能舞台では、このような設営も観客の前で行われる。まず笛の独奏で玄賓僧都《げんぴんそうず》（ワキ）が現れて名乗り、庵にいる体《てい》でワキ座に座る。〔次第《しだい》〕の囃子で毎日樒《しきみ》と閼伽《あか》の水を供える里女《さとおんな》（前シテ）が現れる。目の前で言葉を交わしながらも、常座《じょうざ》の女は庵の外、ワキ座の玄賓は内で、「柴の編戸《あみど》を推《お》し開き」（10頁）と女は庵の内に入り、座して木の葉を置き、「罪を済けて賜び給へ」と合掌する。秋が深まり、物寂しい風情が謡で表現される。夜寒のために女は玄賓から衣を授かり、立ち去ろうとする。住処を問われ「杉立てる門をしるしにて尋ね給へ」（13頁）と言い残して女は姿を消し、作り物の中に入る。（中入）後見は賜わった衣を作り物の正面にかけ、この中でシテの装束を替える。この作り物は三輪の社の二本《ふたもと》の杉《すぎ》であり、衣が杉の木にかかっていることを表す。里男《さとおとこ》（間狂言《あいきょうげん》）の語りが済むと、玄賓は庵を出て二本の杉に至り、衣を見つけ、さらに衣には金字で和歌が書かれていることに気付く。やがて作り物の中から三輪明神（後《のち》シテ）の声が聞こえ、女姿となって神が現れる。サシ、クセの部分で大物主《おおものぬし》の三輪の神婚説話が、またロンギからは天照大神《あまてらすおおみかみ》の岩戸隠れが語られる。〔神楽《かぐら》〕（21頁）の部分は天岩戸の前での神楽の再現で、魂振《たまふり》の足拍子の序から始まり、暗闇に低く笛の「ラーラーヒャイツ」の音が響き渡り、やがて激しい神がかり状態になって行くさまが表される。〔神楽〕の後はシテは天照大神となり、岩戸を開けて光の戻ったさまを表す。「おもしろや」（22頁）の部分は複雑な節扱いをして長く謡う。光により面が白くなる、これが面白くめでたく、扇を胸に付けて上に跳ね上げる勇健《ゆうけん》の型をする。勇健の型は幽玄であり、祝言性が横溢《おういつ》している。

この能には小書《こがき》（替えの演出）も多い。誓納《せいのう》、白式神神楽《はくしきかみかぐら》など、とても重い習事《ならいごと》（特別な伝授を必要とするもの）で、作り物の位置、謡、囃子事、装束等、多くの事が変わる（詳細は『能にも演出がある　小書演出・新演出など』檜書店刊等を御参照下さい）。

**黒風折烏帽子**《くろかざおりえぼし》

**鬘**《かづら》

**面**《おもて》—十寸髪《ますかみ》、増《ぞう》など。

**弊**《へい》—男と女で使う弊の形が違う。

**長絹**《ちょうけん》—絽《ろ》の薄地に金、銀や色糸で模様を織り出し、露《つゆ》という飾り紐を付ける。演出により狩衣《かりぎぬ》にすることもある。

**緋大口**《ひのおおくち》—赤い袴。長絹《ちょうけん》に緋大口を着けると、高貴な姿となる。大口の後は張りを持たせるために特殊な畝織《うねおり》になっている。演出により指貫《さしぬき》にすることもある。

**杉小屋**—半分に割った竹で三尺（約１ｍ）四方の台輪を作り、四方に竹柱を立てて注連縄《しめなわ》を張り、杉二本を付ける

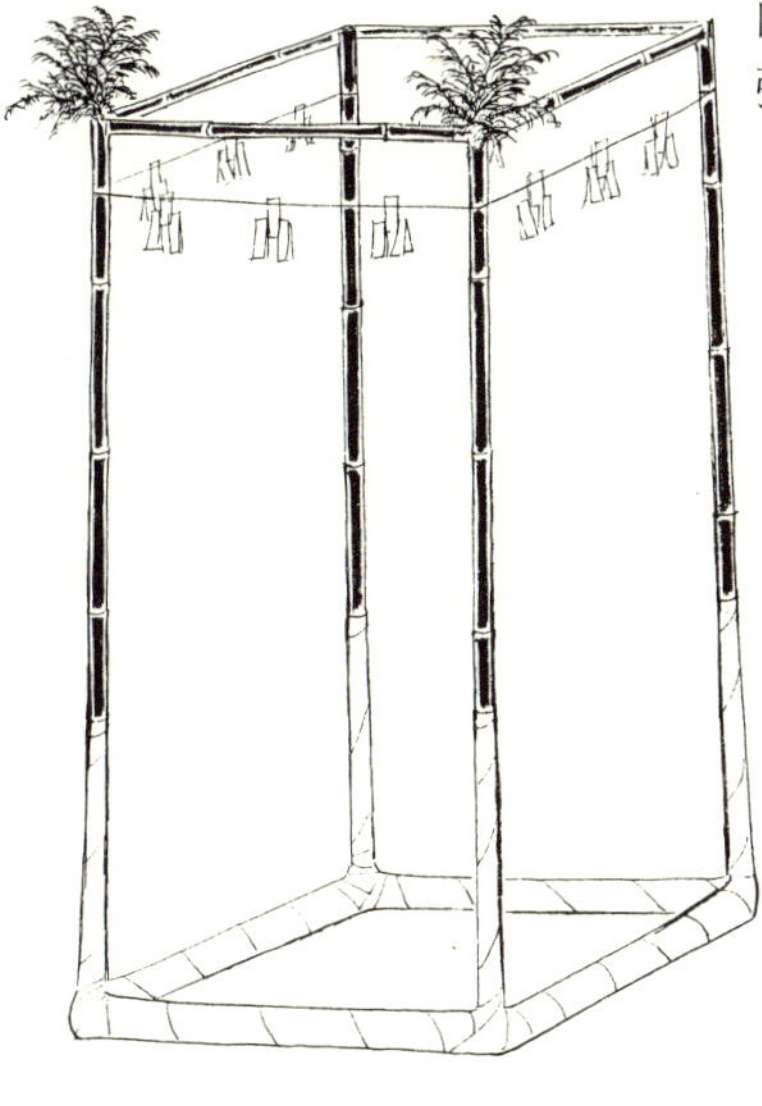

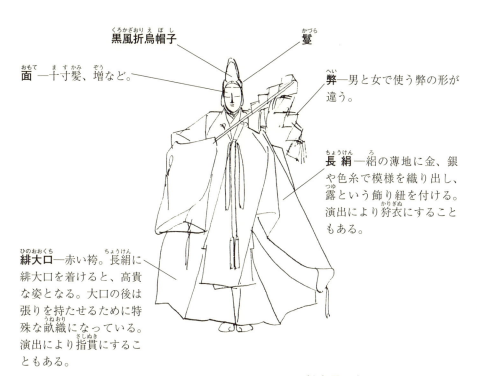

## 能の豆知識

**シテ**　能の主役。前場のシテを前シテ、後場を後シテという。

**ワキ**　シテ（主役）の相手役。脇役のこと。

**ツレ**　シテやワキに連なって演じる助演的な役。シテに付くものをツレ（シテツレともいう）、ワキに付くものをワキツレという。

**間狂言《あいきょうげん》**　能の中で狂言方が演じる役。アイともいう。狂言方の主演者をオモアイ、助演者をアドアイとよぶ。

**地謡《じうたい》**　能・狂言で数人が斉唱する謡。謡本に「地」と書いてある部分。地ともいう。能では舞台右側の地謡座と呼ばれる場所に八人が並び謡う。シテ方が担当する。

**後見《こうけん》**　舞台の後方に控え、能の進行を見守る役。装束を直したり小道具を受け渡しするなど、演者の世話も行う。

**後見座《こうけんざ》**　鏡板左奥の位置。後見をつとめるシテ方（普通は二人、重い曲は三人）が並んで座る。

**見所《けんしょ》**　能の観客及び観客席のこと。舞台正面の席を正面、舞台の左側、橋掛りに近い席を脇正面、その間の席を中正面と呼ぶ。

**物着《ものぎ》**　能の途中、舞台で衣装を着替えたり、烏帽子などをつけたりすること。後見によって行われる。

**中入《なかいり》**　前・後半の二場面に構成された能で、前場の終りに登場人物がいったん舞台から退場することをいう。

**床几《しょうぎ》**　椅子のこと。能では鬘桶《かづらおけ》（鬘を入れる黒漆塗りの桶）を床几にみたてて、その上に座る。

**作《つく》り物《もの》**　主として竹や布を用いて、演能のつど作る舞台装置。

## 〈三輪〉のふる里

**大神神社《おおみわじんじゃ》**　奈良県桜井市三輪
JR桜井線三輪駅から徒歩5分

後場の舞台となった三輪神社、正式には大神神社のご神体は拝殿後方の三輪山である。当社では杉は霊木であり、蛇が棲むと言われ、生卵が供えられる巳《み》の神杉のほか、玄賓僧都《げんぴんそうず》衣掛杉、しるしの杉、おだまき杉など、能にゆかりの杉が点在する。当神社から山の辺の道を辿り、狭井神社から三輪山へ登ることができる。山中には磐座《いわくら》が環状に取り巻いている。

**玄賓庵《げんぴんあん》**　奈良県桜井市茅原《ちわら》

山の辺の道を行くと玄賓庵があり、本堂に僧都の像が安置されている。さらに進むと大神神社摂社の檜《ひ》原《ばら》神社に至る。そこから曲中に謡われる神婚説話の典拠の一つである箸墓の姿を臨むことができる。箸墓まで下る途中の道を左に入ると苧環塚がある。

（編集部）

### お能を習いたい方に

能の謡や舞、笛、鼓に興味をもたれたら、ちょっと習ってみませんか。どなたでも能楽師からレッスンを受けられます。関心のある方は、能楽堂や能楽専門店（檜書店☎03-3291-2488　わんや書店☎03-3263-6771　能楽書林☎03-3264-0846など）に相談すれば能楽師を紹介してくれます。またカルチャーセンターでもそうした講座を開いているところがあります。

## ■鑑賞に役立つ　能の台本／観世流謡本・金剛流謡本

### 観世流謡本（大成版）

謡本は能の台詞やメロディー、リズムを記した台本兼楽譜。江戸時代から数々の修正や工夫をかさねて現在の形になった。謡本には他に、作者・作品の背景・節や言葉の解説・舞台鑑賞の手引き・配役・能面や装束附なども掲載されていて、鑑賞のための予備知識を得るにはとても便利。また、一般の人が、能楽師について能の謡や舞を稽古する時の教科書でもある。

曲　目／『三輪』他、二一〇曲
表　紙／紺地金千鳥
サイズ／半紙判（154×227ミリ）
用　紙／特別に漉いた和紙
製　本／和綴
定　価／各二〇八三円～二二六九円＋税

### 観世流謡本縮刷版

前記観世流謡本の縮刷版。古くより豆本・小本と呼ばれハンドバックやポケットに入り、携帯に便利であると愛用されている。

曲　目／『三輪』他、二一六曲
表　紙／紺地千鳥
サイズ／B7判・定価／八一五円＋税

## ■檜書店　能・狂言の本

# ☆現代語で理解する能の世界☆

## 対訳でたのしむ能シリーズ

【本シリーズの特色】

○流儀を問わず楽しんでいただける内容
○現代語訳と詞章・舞台演能図も掲載
○演者が語る能の見どころや魅力
○装束・能面・扇、曲の旧跡の紹介
○観能のガイド、詞章の理解を深める手引きとして最適

著　竹本幹夫
三宅晶子　稿　河村晴久

A5判／二四〜四〇頁
定価／各五〇〇円＋税

◆既刊
葵上／安宅／安達原／敦盛／海士／井筒／杜若／花月／鉄輪／通小町／邯鄲／砧／清経／鞍馬天狗／小鍛冶／桜川／俊寛／隅田川／千手／高砂／土蜘蛛／定家／天鼓／道成寺／融／野宮／羽衣／半蔀／班女／船弁慶／巻絹／松風／三輪／紅葉狩／屋島／熊野／養老

◆以下発売予定
鵜飼／善知鳥／葛城／賀茂／西行桜／殺生石／忠度／田村／巴／花筐／百万／三井寺／遊行柳／弱法師

## まんがで楽しむ能・狂言

漫画／小山賢太郎　文／三浦裕子　監修／増田正造

能・狂言の鑑賞、舞台・装束・能面などの知識、登場人物や物語の紹介、楽屋の様子までをまんがでわかりやすく解説した初心者に恰好の入門書。

A5判・定価一二〇〇円＋税

## まんがで楽しむ能の名曲七〇番

文／村　尚也
漫画／よこうちまさかず

〝初心者からマニアまで楽しめる〟

名曲七〇番のストーリーをまんがでわかりやすく紹介。はじめて能をご覧になる方にも恰好のガイドです。能を観る前、観た後で二度楽しめる。巻末に能面クイズ付き。

A5判・定価一二〇〇円＋税

## まんがで楽しむ狂言ベスト七〇番

文／村　尚也
漫画／山口啓子

〝エスプリ、ウィット、狂言の本質を味わう〟

舞台を観ていればなんとなくわかった気がする狂言を、まんがで別照射することで、その裏側や側面を覗き、使い慣れた現代語でこそ味わえる爽快感を楽しめます。

A5判・定価一二〇〇円＋税